AF369958

SUITE DES VENTES MOMBRO

Vente du Vendredi 29 Janvier 1869

OBJETS D'ART

MEUBLES ANCIENS

Pendules et Candélabres

PORCELAINES DE LA CHINE ET DU JAPON

BELLES TAPISSERIES DES GOBELINS

TENTURES ET OBJETS DIVERS

M⁐ CHARLES PILLET
COMMISSAIRE-PRISEUR

M. FEBVRE
EXPERT

PARIS — 1869

RENOU ET MAULDE

IMPRIMEURS DE LA COMPAGNIE DES COMMISSAIRES-PRISEURS

Rue de Rivoli, 144.

D'OBJETS D'ART

MEUBLES ANCIENS

Pendules, Candélabres Louis XIV, Louis XV et Louis XVI

PORCELAINES ANCIENNES

DE LA CHINE ET DU JAPON

BELLES TAPISSERIES DES GOBELINS

OBJETS DIVERS ET CRISTAUX DE ROCHE

DONT LA VENTE AURA LIEU

HOTEL DES VENTES

RUE DROUOT, SALLE N° 8

Le Vendredi 29 Janvier 1869

A DEUX HEURES

Par le ministère de M* **CHARLES PILLET**, Commissaire-Priseur,
rue de la Grange-Batelière, 10,
Assisté de M. **FEBVRE**, Expert, rue Laffitte, 12,
Chez lesquels se distribue le présent Catalogue.

EXPOSITION PUBLIQUE

Le Jeudi 28 Janvier 1869, veille de la Vente, de 1 heure à 5 heures.

PARIS — 1869

CONDITIONS DE LA VENTE

Elle sera faite au comptant.

Les Acquéreurs paieront CINQ POUR CENT en sus des enchères.

L'Exposition mettant le public à même de se rendre compte de l'état des Objets, il ne sera admis aucune réclamation une fois l'adjudication prononcée.

DÉSIGNATION

Meubles anciens de diverses époques

1 — Cabinet en laque noir et or, avec incrustations de burgau, vantail se rabattant; à l'intérieur, dix tiroirs.

2 — Très-beau Secrétaire en laque de la Chine noir, avec paysages or, décoré de montures et d'une galerie en bronze doré; aux coins sont des cariatides casquées également en bronze doré.

3 — Très-belle Crédence Renaissance, en bois sculpté; jambages carrés à balustres ; le haut à deux portes ornées d'attributs de guerre et d'un groupe de la Vierge et Jésus; aux coins sont des pilastres à chapiteaux.

4 — Meuble sculpté Renaissance, formant crédence; le bas à jambages à jour, le haut à doubles vantaux très-richement sculptés.

5 — Bahut incrusté d'ivoire; travail indien.

6 — Très-beau Coffre italien en bois de noyer sculpté, orné d'une belle frise à enroulements avec dragons, le bas avec entourage de godrons; pieds à griffes de lion.

7 — Autre Coffre italien orné de larges frises sculptées avec médaillon armorié; coins à cariatides, pieds à griffes de lion.

8 — Autre Coffre italien orné de deux frises sculptées.

9 — Autre Coffre italien, même genre que le précédent.

10 — Un autre, même genre.

11 — Autre, id.

12 — Commode Louis XV en laque noir et or, ornements rocaille en bronze doré, dessus en marbre blanc.

13 — Grande Bibliothèque à portes vitrées et cintrées, en bois noir orné de filets de cuivre et d'ornements en bronze doré.

14 — Bureau Louis XV à dos d'âne, orné de fleurs en marqueterie de bois, ornements en bronze doré.

15 — Table carrée en bois noir, très-belle marqueterie d'étain sur écaille rouge.

16 — Commode Louis XVI, en bois de rose; belle marqueterie en bois de couleurs, dessus en marbre.

17 — Bureau Louis XV à quatre faces, en bois de rose, ornements en bronze doré.

18 — Commode en chêne de l'époque de Louis XIV. Elle est de forme contournée avec volutes aux coins; poignées en bronze.

19 — Bureau Louis XVI à cylindre, en bois d'acajou, orné de bandes, de moulures en cuivre et d'ornements en bronze doré.

19 bis — Bureau plat en bois noir orné de cuivres dorés.

20 — Commode Louis XVI en bois de rose, marqueterie
à damier en bois de couleur.

21 — Meuble style Louis XIV en bois noir avec marqueterie d'écaille, de cuivre et d'étain; filets
et bandes en cuivre poli.

22 — Deux Banquettes Louis XIV en bois sculpté.

23 — Grande Glace Louis XIV dans son cadre en bois
sculpté et doré.

24 — Glace Louis XV dans son encadrement en bois
sculpté et doré.

25 — Couronnement d'un Meuble Renaissance en bois
de chêne sculpté, décoré d'une frise représentant
le Jugement de Salomon.

26 — Grand Canapé en bois sculpté de l'époque de
Louis XV, couvert en étoffe rouge.

27 — Table en chêne, ornée de montures, pieds tournés
à balustres.

28 — Console Louis XIV en bois sculpté et doré.

29 — Grande Console Louis XVI, de forme cintrée, très-
richement sculptée; pieds avec entre-jambes.

30 — Socle de pendule, plaque d'écaille rouge; ornements en bronze doré.

31 — Socle carré en bois noir, orné de filets en cuivre et
de bronzes dorés.

Pendules et Bronzes

32 — Ancienne Pendule Louis XIV en marqueterie de
cuivre sur écaille, figures et ornements en
bronze doré.

33 — Deux Grands Candélabres en bronze doré et à
lis, à trois lumières, supportés par des vases
Louis XVI en marbre blanc sculpté; l'entourage des cols cannelé; les panses ornées de
pendentifs en bronze.

34 — Deux Bras Louis XVI en bronze doré, décorés de
vases, de guirlandes de fleurs et de masca-
rons; trois lumières.

35 — Ancienne Pendule de l'époque de Louis XVI en
bronze doré, avec le sujet de Vénus et l'Amour.

36 — Grand Cartel Louis XV en bronze, style rocaille.

37 — Pendule en bronze et bronze doré ornée des figures
allégoriques de la Seine et de la Marne.

38 — Deux Flambeaux Louis XVI formant bouts-de-
table à trois lumières, les flambeaux cannelés
et ornés de guirlandes.

39 — Pendule Louis XVI en bronze doré et marbre
blanc; sujet allégorique, deux figures : la Gloire
consacrée par l'Histoire.

40 — Grand Lustre en bronze, style Louis XV; 16 lumières.

Porcelaines de la Chine

41 — Deux beaux Vases à huit pans, décor de la Famille
Verte représentant des personnages chinois,
des fleurs et des animaux.

42 — Vase cylindrique, décoré de grands personnages
chinois émaillés en couleur.

43 — Deux très-jolis Vases à six pans ayant la forme de pyramides; beau décor émaillé, chaque pan avec fleurs et personnages.

44 — Belle Potiche, décor émaillé, avec sujet de la marche d'un Empereur.

45 — Grand Vase rouge rubis, à panse renversée.

46 — Potiche émaillée, décor avec personnages chinois.

47 — Une autre, décor à sujet : Empereur chinois et sa suite.

48 — Potiche émaillée, décor avec cartels de dragons.

49 — Potiches émaillées, ornées d'imbrications et de cartels de fleurs, fond craquelé café au lait.

50 — Deux très-belles Potiches, décor fond noir, avec feuillages et fleurs variées et aussi avec cartels en réserve, bouquets émaillés sur fonds blancs.

51 — Grand Vase de la Chine, fond bleu empois, orné de cartels et de paysages en réserves, monture en bronze doré.

52 — Grand Bol de la Chine, très-beau décor émaillé représentant des chasseurs chinois dans des paysages; monture rocaille en bronze doré.

53 — Grande Coupe ou Jardinière de forme ronde, fond bleu au grand feu ; monture en bronze doré.

54 — Jardinière à six pans, décor à dragons émaillés.

55 — Jardinière ronde, décor de fleurs émaillées.

56 — Jardinière de forme ovale, décor de poisson en rouge de cuivre, et aussi de feuillages.

57 — Grande Jardinière, décor bleu à feuillages et
pivoines,

58 — Fontaine en porcelaine de la Chine, décor dit de la
Famille Verte.

59 — Grand Bol de la Chine, beau décor à personnages
chinois, monture rocaille en bronze doré.

Porcelaines du Japon

60 — Grand et beau Plat du Japon, fond bleu Perse
à rehauts d'or; au centre, un médaillon de
paysages.

61 — Autre Plat, semblable au précédent.

62 — Deux Potiches Japon ornées de fleurs en relief.

63 — Six grandes Assiettes du Japon, beau décor.

Porcelaines tendres de Sèvres et de Tournay

64 — Soupière ovale en porcelaine de Sèvres, pâte
tendre, décor dit à feuilles de choux.

65 — Deux Jardinières en Sèvres, pâte tendre, avec
commencement de décor en bleu de roi lavé.

66 — Deux beaux et grands Vases en porcelaine de
Tournay, pâte tendre, décorés de médaillons
à scènes pastorales dans la manière de Boucher; ces peintures par Abel Schilt, de la manu-
facture de Sèvres ; montures en bronze doré.

67 — Deux Vases en porcelaine de Tournay, pâte tendre, décor fond bleu, avec cartels de fleurs; les montures en lampes en bronze doré.

68 — Plaque cintrée pour meuble en porcelaine tendre de Saint-Amand. Médaillons avec personnages.

69 — Plaque de guéridon en porcelaine pâte tendre de Tournay, ornée du sujet du Triomphe de Galathée, d'après Boucher. Pièce fracturée.

Objets divers

70 — Encrier en bronze florentin, travail du xvie siècle.

71 — Deux Chenets en fer ornés de figurines,   id.

72 — Bronze ancien, représentant le buste d'un personnage antique.

73 — Médaillon en marbre blanc sculpté, représentant la Vierge en buste; cadre Louis XVI très-finement sculpté.

74 — Vase de l'époque de Louis XVI en marbre blanc et couvercle attenant; ornements en bronze ciselé et doré.

75 — Chope en faïence de Perse.

76 — Ancien Mortier en bronze orné d'une frise.

77 — Cadre Louis XVI en bois sculpté, orné de feuilles d'eau et de perles.

78 — Deux grands Cadres Louis XV en bois sculpté et doré.

78 *bis* — Bol en ancien laque.

79 — Fragments de Cadres dorés.

79 *bis* — Un Éventail peint sur ivoire, sujet genre de Boucher.

80 — Un autre ivoire et nacre.

80 *bis* — Cadre Louis XIV en bois sculpté et doré.

81 — Deux Vases de l'époque de Louis XVI, formant candélabres avec lumières à lis; le tout en plomb, avec quelques parties dorées.

82 — Groupe en terre cuite : Amours enchaînés aux pieds de Junon.

83 — Deux Gaînes en marbre Portor et jaune de Sienne.

84 — Porte-allumettes en marbre blanc.

85 — Fond de foyer du xvie siècle, plaque en fonte ornée d'un sujet.

86 — Deux côtés de foyer en fonte de fer, ornés de sujets, xvie siècle.

87 — Huilier Louis XV en cuivre argenté, burettes en verre taillé.

88 — Ancienne Agrafe de couleur en bronze.

89 — Quatre Pommes en bronze doré, ornements ciselés.

Cristaux de roche

90 — Un lot de Plaquettes et Étoiles.

91 — Un lot de trois Bobèches et Pendeloques en roche et Boules en cornaline.

92 — Deux Chapelets à gouttes taillées.

93 — Deux autres à olives taillées.

94 — Autre Chapelet   id.

95 — Cinq Chapelets d'olives taillées.

96 — Dix Chapelets de perles taillées.

97 — Trois Chapelets de gouttes taillées.

98 — Chapelet de grosses gouttes taillées.

99 — Lot de Plaquettes, Larmes et Étoiles.

100 — Lot composé de cinq grosses Boules, 16 plus petites et d'une poignée d'escalier.

Tapisseries et Étoffes

101 — Quatre belles Tapisseries des Gobelins, Sujets pastoraux d'après Boucher.

101 *bis* — Une ancienne Tapisserie représentant la femme de Darius aux pieds d'Alexandre.

102 — Beau couvre-pieds Louis XVI en soie blanche avec fleurs brodées.

103 — Quatorze mètres, ancienne Soierie brocatelle jaune.

104 — Garniture de lit en ancienne tapisserie, composée, d'un ciel de lit, couvre-pieds, 4 lambrequins un fond de lit, et deux rideaux.

105 — Pente en soie et brocart d'argent avec fleurs brodées.

106 — Six Morceaux de tapisseries anciennes, dessins verts sur fonds blancs.

107 — Garniture pour douze siéges en anciennes tapisseries, dessins bleus.

108 — Un morceau de vieille Tapisserie.

109 — Dessus de table en ancienne Tapisserie.

110 — Les Objets non catalogués.

Renou et Maulde, imprimeurs de la Compagnie des Commissaires-Priseurs, rue de Rivoli, 144.   20920